AF236391

DOMINANZ MEINER IGNORANZ

Wundertütenpoet

VON

TINA HÜSCH

DIE MÖGLICHKEITEN
VON TOLERANZ UND POESIE

Bibliografische Information der Deutschen Nationalbibliothek: Die
Deutsche Nationalbibliothek verzeichnet diese Publikation in der
Deutschen Nationalbibliografie; detaillierte bibliografische Daten
sind im Internet über dnb.dnb.de abrufbar.

Foto: Katharina Nix

ISBN: 9783754315897

Herstellung und Verlag: BoD – Books on Demand, Norderstedt

ABOUT ME

Streit und laute Worte sind mir zuwider, denn meine kindliche Naivität braucht ganz viel Harmonie und Streuselkuchen, um immer wieder neue Märchenschlösser der Kreativität zu erfinden.

Somit faszinieren Werkzeuge aller Art meinen Geist, da man mit ihrer Hilfe die tollsten Dinge konstruieren kann, jedoch hat meine Seele ein Handicap, es ist ihr viel zu großer Respekt vor Kreissägen.

Davon lässt mein inneres Kind sich jedoch nicht entmutigen und liebt es, Dinge zu erfinden und sich am Werden zu erfreuen.

In meiner Welt gibt es nichts, was nicht noch durch Blümchen oder Rüschen verschönert werden könnte. Dadurch sehe ich überall kleine Wunder entstehen und finde die Schönheit in allem.

Flohmärkte haben eine große Anziehungskraft auf mich.

Ich begeistere mich für den Zauber, den Dingen ein zweites Leben zu schenken, und gehe gerne in den Geschichten ihrer Vergangenheit spazieren.

Ich mag wegwerfen nicht, deshalb zweckentfremde ich so manche alte Kaffeekanne zur Blumenvase und mache aus Tischdecken Kleider.

Ignoranz und deren Dominanz verwackeln das System meiner Seele, doch die sich daraus ergebenden Möglichkeiten und Chancen erfreuen mein Leben.

Komm mit mir und schau Dir an, wie man aus der unmöglichen Stille neue Wunder entstehen lassen kann.

FÜR

MEINES HERZENS

STILLE ...

Für alle,

die nicht von der Ignoranz

dominiert werden möchten,

doch gleichzeitig auch das Wunder

der Chance dahinter erkennen.

Für Dich,

weil Du die Zauberkraft von Offenheit,

Empathie und Intelligenz verstanden hast.

INHALT

EINBLICK, EINSICHT, ERKENNTNIS ...

Immer wieder wird man inmitten seiner Lebensreise verwackelt, wenn man der Dominanz der Ignoranz von anderen Menschen begegnet. Oft fühlt man sich diesem wortlosen Verhalten der Mitmenschen hoffnungslos und ohne jede Perspektive ausgeliefert.

Wir alle haben sie schon oft erfahren, diese tiefe, schneidende Stille, die über allem schwebt und im Grunde mehr sagt, als es 1000 Worte könnten.

Denn keine Antwort zu erhalten, ist die eindeutigste Antwort, die es im Leben geben kann.

Ignoranz ist die größtmögliche Abneigung, die man einem Menschen entgegenbringen und so in seiner Seele für Schmerz sorgen kann.

Einen anderen Menschen im „Regen" stehen zu lassen und sich von ihm abzugrenzen, hat sehr viel mit Verachtung zu tun.

Gerade hier sollten wir mit klarem Blick erkennen, dass es im Grunde eine große Befreiung darstellt, sich von jedem ignoranten Menschen im Leben lösen zu dürfen.

Denn sie bedienen sich nur unserer Energie, und das macht unser Herz schwer und unsere Seele leer.

Natürlich löst diese Stille mehr in uns aus, als jedes Wort es könnte, sie lässt den Spielraum offen, auch wenn er eigentlich längst geschlossen ist.

In dieser Lücke liegt jedoch unsere eigentliche Chance, das Blatt zu wenden und mit Kraft der eigenen Energie der Meister der Situation zu werden.

14

Es ist ein Geschenk des Lebens, erkennen zu dürfen, wenn Menschen unserer Seele nicht guttun; auch wenn es sehr hässlich verpackt ist, so ist dieses Geschenk jedoch Gold wert.

Wir müssen lernen zu tolerieren, wenn uns jemand ignoriert, denn oftmals ist es am Ende des Tages zu unserem Besten.

So reflektieren wir die Ignoranz und hinterfragen, was Ignoranz eigentlich bedeutet, um zu erkennen, dass ignorante Personen weder zuhören noch zulassen können.

Sie möchten sich nicht mit Problemen beschäftigen oder gar darüber nachdenken, denn dann könnten sie am Ende ja noch die Situation verstehen und Empathie aufbringen.

Allein dies zeigt uns schon sehr deutlich, mit welcher Art von Menschen wir es zu tun haben.

Von da ist es nur ein kleiner Schritt zu erkennen, dass dieser Mensch für unser Leben weder Stütze noch Bereicherung sein wird.

Dieser Art von Menschen scheint es sehr unangenehm und lästig zu sein, sich mit anderen Menschen zu beschäftigen und sich auf sie einzulassen, man erkennt klar ein egoistisches Verhalten.

Sehen wir noch tiefer in die Seele des anderen, dann müssen wir feststellen, dass ihm viele wunderbare Eigenschaften fehlen:

Denn wer nicht **zulassen** kann, dem fehlt es an **Offenheit**, und um **zuzuhören** und den anderen zu **verstehen**, da braucht es **Empathie**. Um eine Situation **einschätzen** zu können und um über sie **nachzudenken**, sind **Toleranz** und **Respekt** erforderlich, und um dies alles zu erkennen, braucht es am Ende auch noch **Intelligenz**.

Zusammengefasst: Mangelnde Offenheit, gepaart mit Empathielosigkeit, Respekt- und Toleranzverlust, zeichnen einen ignoranten Menschen aus, dem es an der nötigen Intelligenz mangelt, sein Handeln zu überschauen.

Aus diesem Blickwinkel heraus empfindet man sogar Mitleid mit diesen ignoranten Zeitgenossen, wo vorher nur Ärger und Unverständnis war.

Wenn wir mit der Betrachtung fortfahren, können wir immer mehr erkennen und verstehen.

So stellen wir fest, dass bei vielen Menschen die Ignoranz darin besteht, dass sie behaupten, eine Sache nicht besser gewusst zu haben, um sich durch Unwissenheit aus ihrer Schuld befreien zu können.

Sie legen das Verhalten eines Kleinkindes an den Tag, das fest daran glaubt, dass, wenn es nur die Augen schließt, das eigentliche Problem nicht mehr existiert. Leider ist ein solcher Mensch nicht unbedingt das, was man eine große Bereicherung nennt, noch hat er das Potenzial dazu, dass aus ihm ein Fels in der Brandung werden könnte. Hier sprechen wir eher von dem Modell Fähnchen im Wind, und dieses braucht man nur auf dem Spielplatz beim Sandburgenbauen. Darüber hinaus gibt es natürlich auch noch die ganz „herzlichen" Modelle unter den Ignoranten, die ihre Ignoranz dazu einsetzen, den anderen mit ihrer Wortlosigkeit zu bestrafen, um so die Psyche des Gegenübers zu misshandeln. Für mich persönlich stellt diese Kategorie der Ignoranten die bösartigste dar. Denn die so entstehenden Wunden und Narben auf der Seele der wegignorierten heilen, wenn überhaupt, nur langsam, und es können schwere Traumata entstehen.

Das ignorante Schweigen ist eine der größten Waffen unserer heutigen Zeit, somit ist es von Bedeutung, dass wir es erkennen lernen, um uns vor den Folgen zu schützen. Dies sind die dunklen und schlechten Seiten der Ignoranz, und es ist sehr wichtig, sich darüber Gedanken zu machen, wie die Ignoranz auf andere Menschen wirkt und dass sie das Gefühl der größtmöglichen Dominanz bei den Menschen auslöst.

Doch wir müssen auch offen und ehrlich miteinander umgehen und uns im Klaren darüber sein, dass in uns allen die Ignoranz schläft und dass es durchaus auch von Vorteil sein kann, sie hier und da aufzuwecken, um sie sich zunutze zu machen.

Vorausgesetzt, der andere warf den ersten Stein.

Denn dann kann man sich ihrer bedienen, da man ansonsten hilflos wäre, und in diesem Fall ist ignorant besser als hilflos, damit man nicht noch mehr Angriffsfläche bietet, denn auf der Lebensreise geht es auch darum, die eigene Seele zu verteidigen und sie vor Angriffen zu schützen.

In solchen Momenten macht man am besten die Ignoranz zu seinem Verbündeten, damit man nicht verletzt und getroffen werden kann. Hier ist die Ignoranz eine Art „Schutz"-Gefühl, das es nicht zulässt, dass andere Menschen einen in der Tiefe des Herzens verletzen können, und das aus einem Selbstschutz heraus entsteht.

So gibt es die beiden Seiten der Ignoranz auf dieser Welt, die böse und die verzweifelte … keine von beiden ist wirklich gut oder stellt für unser Leben ein erstrebenswertes Ziel dar, doch um alle Arten der Unvollkommenheit auf dieser Welt erleben zu können, ist es wichtig, sich auch einmal in diesem Zustand befunden zu haben.

Nur so kann man durch Reflexion und mit Hilfe der eigenen Gefühlswelt erkennen, dass man mit Ignoranz und Dominanz im Leben nicht wirklich weiterkommt. Es geht vielmehr darum, sich klar zu werden, wie wichtig Offenheit und Toleranz für alle sind und dass, wenn man mit offenen Augen und einem treuen Herzen diese beiden Tugenden lebt, man die größtmöglichen Erfolge auf seiner Lebensreise sein Eigen nennen kann.

Wenn die Toleranz in uns lebt, schenkt sie uns die Möglichkeit, überall das Schöne zu erkennen und die Lebenssituationen so anzunehmen, wie sie sind, und mit Akzeptanz das Beste daraus zu machen.

So lebe sie in uns, die **Toleranz:**

T - alent
O - ffenheit
L - ebensfreude
E - mpathie
R - espekt
A - ugenblick
N - euanfang
Z - auber

Das **Talent** der **Offenheit** weckt ganz viel **Lebensfreude** in uns und lässt unsere **Empathie** wachsen. Gegenseitiger **Respekt** füllt jeden **Augenblick** mit der Möglichkeit für einen **Neuanfang** aus, der unseren eigenen **Zauber** aufweckt.

Betrachte Dein Leben und Dein Verhalten durch die Augen Deiner Mitmenschen und stell Dir die Frage, ob, wenn die Rollen vertauscht wären, Du Dein eigenes Handeln auch für gut empfinden würdest.
So lässt Du die Empathie für andere aufleben, und überall dort, wo Empathie lebt, ist die Luft zu rein, als dass Ignoranz anfangen kann, ihr Unwesen zu treiben.
Denn die Ignoranz hat ihren eigenen Tanz, den Du nicht brauchst für Deines Lebens Brillanz.

TANZ DER IGNORANZ

Sie lebt in uns, die Ignoranz,
und bittet die Relevanz zum Tanz
in unserer Substanz.
Sie begegnet uns mit Arroganz,
diese ständige Ignoranz.
So brauchen wir viel Toleranz
und ein wenig Akzeptanz
für den ganzen Firlefanz
unserer eignen Eleganz
für der Seelen Bilanz.
Sonst wird sie noch zur Dominanz,
schließt mit der Dissonanz ´ne Allianz
und wird zur inneren Konstanz,
das will ich nicht für meinen Glanz,
denn ich brauche mehr Brillanz,
für meines Lebens Tanz!

Mit diesen neuen Erfahrungen und Erkenntnissen ausgestattet fährt Dein Lebensbus weiter mit Dir als Passagier, um Dich in das Abenteuerland Deiner eigenen Möglichkeiten zu entführen und Dir ein Leben aus vollem Herzen zu schenken, in dem das Mitgefühl für die anderen ganz oben steht, so verliert sich die Dominanz in der Ignoranz.

KOMM MIT UND SCHAU DIR MIT GROSSEN AUGEN AN, WIE MAN AUS DER DOMINANZ DER IGNORANTEN STILLE WUNDER ENTSTEHEN LASSEN KANN, UND FANG AN, DEIN LEBEN ZU TANZEN ...

ERSTER STREICH ...

Leider gibt es diesen **Neid**, diese **Wortlosigkeit,**
Immer dieses Drama, Keine Antwort zu bekommen.
Es entsteht die **Geburt des Nichts**, die die **Innere Mauer** wachsen lässt.
Doch die **Lebensphilosophie** sollte einen nach vorne schauen lassen,
Das Leben lieben, auch wenn man ein Stück des Wegs
Bergauf auf allen vieren gehen muss, so darf man das **Atmen** nicht
vergessen und wird zum Schluss alles **Wieder hinbekommen.**

NEID

Du bist vom Neid zerfressen
und die Missgunst lebt in dir.
So ergeben wir kein Wir,
warst zu lange hier bei mir,
hast mit schlechten Energien mich befüllt
und mit meiner Gutmütigkeit gespielt!
Wolltest immer der Mittelpunkt sein
und alle andern klein.
Jetzt ist es aus,
denn ich bin raus!

WORTLOSIGKEIT

Die Unruhe in mir
kommt von der Wortlosigkeit von dir.
Wenn die Ungewissheit anfängt zu leben,
die Stille ihre Kreise zieht,
das Nichtswissen nichts vergibt.
Die Einsamkeit nach einer Antwort sucht
und das Vergangene verflucht.

24

IMMER DIESES DRAMA

Warum nur dieses Drama,
wenn man auch hätte reden können?
Jetzt bewegt sich alles
und dreht sich,
das Vertrauen ist gestorben,
kann nicht wiederkommen,
die Zuversicht fühlt sich benommen,
doch ich werde diesen Gefühlen entkommen,
meine Seel hat sich freigeschwommen,
denn mein Geist hat neue Ideen gewonnen!

25

KEINE ANTWORT

Keine Antwort zu bekommen,
macht mich immer ganz benommen.
Kann diese Stille nicht verstehen,
denn sie lässt die Freundschaft vergehen.

GEBURT DES NICHTS

Du sagst NICHTS
und ich frag NICHTS,
so wird das NICHTS geboren
und ist von Anfang an im NICHTS verloren.
Wir haben´s zusammen auserkoren,
hatten wir es uns doch anders geschworen,
so haben wir jetzt verloren,
denn aus NICHTS wird NICHTS geboren.

INNERE MAUER

Ihr seid wie eine Mauer,
stumm steht ihr da,
wo vorher noch pures Leben war.
Habt den Dingen die Schönheit geraubt
und seid für die Worte voneinander ertaubt.
Warum habt ihr euch das nur erlaubt,
so habt ihr euch doch selbst jeder Chance beraubt.
Hättet ihr das je geglaubt?

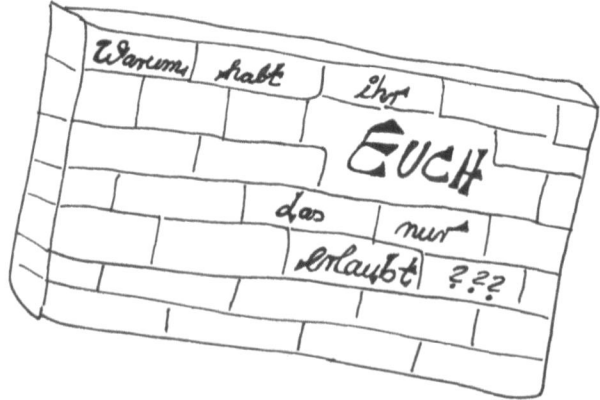

LEBENSPHILOSOPHIE

Ich hab euch meine Ideen geschenkt,
hab euren Blick in eine andere Richtung gelenkt.
Hab gedacht,
ihr könntet die Wunder sehen
und meine Lebensphilosophie verstehen,
wollte mit euch große Wunder wagen,
doch jetzt bringt ihr mich zum Verzagen,
so kann ich das alles nicht ertragen,
doch werde ich jetzt mein eigenes Ding wagen
und mich nicht über euch beklagen.
Denn schließlich bekomm ich
durch eure Ignoranz
mein eigenes Wunder hin
und das gibt meinem Leben den schönsten Sinn!

DAS LEBEN LIEBEN

Das hätte ich nie von euch gedacht,
warum habt ihr das mit mir gemacht,
warum seid ihr jetzt so still
und gebt mir dieses Scheiß-Gefühl?
Da ist die Trauer in meinem Kopf,
die leise klopft.
Ich will diese Emotion nicht mehr,
ich will lieber das Leben lieben, und das SEHR!

BERGAUF
AUF ALLEN VIEREN

Ich fühl mich machtlos
und bin rastlos.
Die Traurigkeit geht in mir spazieren
und meine Emotionen kriechen auf allen vieren.
Das Vermissen macht sich breit
und für die Ewigkeit
ist das noch zu viel Zeit, die übrig bleibt.
Doch meine Freude wird wiederkommen,
da bin ich ganz besonnen,
mein Weg ist das Ziel.
Ich kenne das Spiel,
von hier an geht´s bergauf,
auch wenn ich mal hinfiel,
komm ich doch zum Ziel.

ATMEN

Du meinst,
nur ich muss geben,
doch ich muss nichts außer leben,
einfach ruhig ATMEN:
EIN und AUS!
So kommen die Ideen aus meinem Inneren raus.
Auch wenn´s für die Freundschaft bedeutet AUS,
so ist meine Seele doch jetzt frei raus
und fühlt sich in mir zu Haus!

WIEDER HINBEKOMMEN

Wenn Luftschlösser zerplatzen
und Sandburgen zerfallen,
Seifenblasen einfach nur wegknallen,
hat die Hoffnungslosigkeit gewonnen
und alle Glücke sind zerronnen.
Dann musst du was wagen,
nicht verzagen,
denn wie zerronnen,
so gewonnen,
doch du kannst es wieder hinbekommen,
sei nur ganz besonnen,
dann wird von deinem Geist das Ziel gewonnen!

ERKENNTNISSE DES ERSTEN STREICHS ...

WO gibt es im Moment die dunkle Macht der Ignoranz oder
Dominanz in Deinem Leben?
Wodurch entstand sie und wie kann sie wieder von dannen schweben?

. . . .
. . . .
. . . .
. . . .
. . . .
. . . .
. . . .
. . . .
. . . .
. . . .
. . . .
. . . .
. . . .
. . . .
. . . .
. . . .
. . . .
. . . .
. . . .

. . . .
. . . .
. . . .
. . . .
. . . .
. . . .
. . . .
. . . .
. . . .
. . . .
. . . .
. . . .
. . . .
. . . .
. . . .
. . . .
. . . .
. . . .
. . . .
. . . .
. . . .
. . . .
. . . .
. . . .
. . . .

37

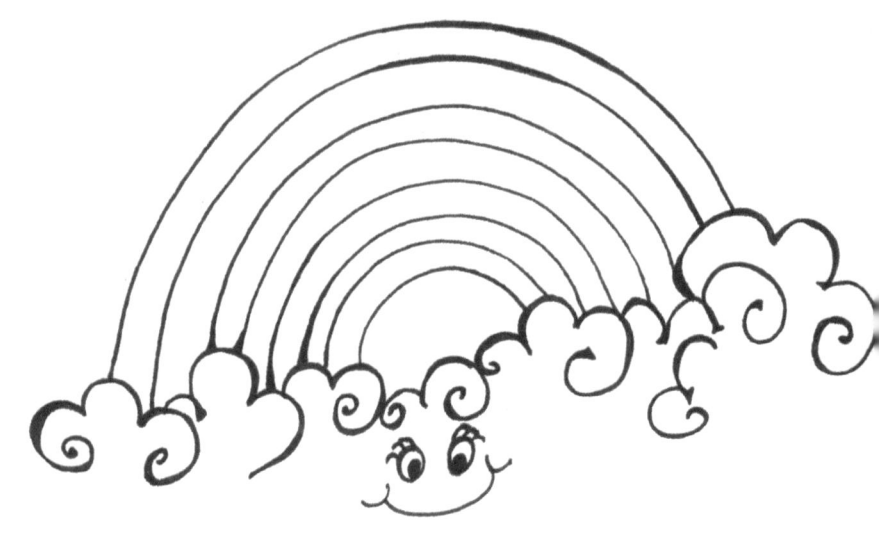

ZWEITER STREICH ...

Im Leben werden wir immer der Ignoranz begegnen, doch es gibt ihn,
den Weg aus dem Tal, rechts an der Dominanz vorbei,
und Du fühlst Dich wieder frei.

SCHAU NACH VORN UND NICHT ZURÜCK, SO KÖNNEN
NEUE WEGE ENTSTEHEN UND DU KANNST IN RICHTUNG
ALLER MÖGLICHKEITEN GEHEN.

Da ist diese **Stille**, die **Lebzeit der ewigen Ruh**, sie ließ mich
Aus allen Wolken fallen.
So bin ich **Im Gefühl verwackelt**, denn die **Ignoranz, die kann´s**,
ich lebe in der **Fassungslosigkeit der Zeit**, will meine
Letzte Chance nutzen, bevor die Möglichkeiten
Schwimmen gehen, damit **Kein Verlust** entsteht.
Die Zeiten von **Bestimmer und Untertan** sind vorbei, hast Du
Noch irgendwelche Fragen?
Ich denke nein, so sage ich Dir, **Danke für die Chance!**

STILLE

Ich kann stiller noch als du,
ich kann noch weniger Worte sagen,
brauchst mich auch nichts mehr zu fragen,
werde jede Antwort vertagen,
bringe dich so zum Verzagen,
wäre es nicht viel besser, einen Neuanfang zu wagen?

LEBZEIT DER EWIGEN RUH

Und irgendwann war es ganz still,
weil du nicht mehr antworten willst.
Gabst mir zu Lebzeit schon die ewige Ruh
und decktest meine Gefühle mit Schweigen zu.
Ich hätte noch so viel zu sagen,
würde dich gern noch so viel fragen,
doch ich kann es nicht wagen
und so muss ich es ertragen.

AUS ALLEN WOLKEN

Da wart ihr
und verspracht mir viel,
ich sah uns schon gemeinsam am Ziel.
Sah die Ideenfunken zum Flächenbrand werden
hier auf Erden.
Ich hatte so viel frischen Mut
und die Hoffnung tat mir gut.
Es fühlte sich so endlos an
und das nicht erst irgendwann.
Doch all das war nur mein Gefühl
und niemals euer Ziel –
kein Wunder, dass ich aus allen Wolken fiel.

IM GEFÜHL VERWACKELT

Im Gefühl verwackelt,
im Herzen erzürnt,
so stürmt es in mir,
ausgelöst von dir,
ohne ein Wort zu mir!

IGNORANZ, DIE KANN'S

Ignoranz, die kann´s,
sie wird zur Dominanz,
mit ganz viel Glanz.
Sie ist Gift für jeden im Leben
und lässt die Seele beben.
So kann die Leichtigkeit sich nicht ins Leben weben
und der Unmut beginnt über allem zu schweben.
So ist Ignoranz die größtmögliche Dominanz,
schafft von allein eine Riesendistanz,
aus ist es mit der Toleranz,
und übrig bleibt die Ignoranz,
was für eine blöde Dominanz.

FASSUNGSLOSIGKEIT

DER ZEIT

Große Fassungslosigkeit
macht sich in meiner Seele breit,
ist tief in mein Gefühl gerutscht
und macht in meinem Inneren alles pfutsch.
Kann das alles nicht verstehen,
doch werde gestärkt hervorgehen,
denn nun bin ich bereit,
für meine Zeit!

LETZTE CHANCE

Ich werd mich dir erklären,
noch dieses eine Mal.
Das ist die letzte Chance,
dann hast du keine Wahl.
Kannst deine Entscheidung treffen,
doch nicht mehr unsere Vereinbarungen brechen.
So mach dann auch ich,
was ich will,
einfach mal für mein Gefühl!

SCHWIMMEN GEHEN

Du nahmst mir alle Möglichkeiten
und ich gab mir selbst kleine Wunder dafür.
Hättest du mir sie nicht genommen,
wäre ich noch weiter geschwommen
ohne Plan und ohne Ziel.
Einfach nur, weil's dir gefiel!
Doch jetzt bin ich wieder da,
hier bei mir,
kann meine Chancen sehen
und mit meinen Wundern schwimmen gehen!

KEIN VERLUST

Wenn du jetzt gehst,
ist das kein Verlust,
sondern eine Sehnsucht,
die in meiner Seele ruft.
Meine Stärke in mir erwacht
und mein Geist lacht.
Ach,
hätte ich mir das viel früher schon ausgedacht!

BESTIMMER UND UNTERTAN

Du meinst, du wärst der Bestimmer
und ich dein Untertan.
Könntest alles mit mir machen
und mich heimlich noch auslachen,
doch du machst die Rechnung ohne mich,
denn ich mach jetzt den großen Strich.

NOCH IRGENDWELCHE FRAGEN?

Auch wenn ich im Moment noch verwackelt bin,
bekommt doch so alles wieder neuen Sinn,
ich werde meine eigenen Wunder wagen,
muss niemanden um Erlaubnis fragen,
vor allem keine Dummheit mehr ertragen,
da kann ich doch nur:
„WUNDERVOLL" sagen!
Noch irgendwelche Fragen?

Chance

DANKE FÜR DIE CHANCE

Eigentlich muss ich Danke sagen,
denn die Chance kam von dir,
ohne auch nur ein Wort zu sagen,
kann ich jetzt endlich mein eignes Ding wagen
und über meine Wünsche herausragen.
Bei so viel neuen Möglichkeiten,
da will ich mich gar nicht mehr
mit dir vertragen.
Ich hab erkannt,
es gibt niemals einen Grund zu verzagen!
Auch ohne dich,
wird mein Gesicht ein Lachen tragen!

ERKENNTNISSE DES ZWEITEN STREICHS ...

SCHREIB all die Möglichkeiten nieder, die Dir nur begegnet sind,
weil es Ignoranz und Dominanz in Deinem Leben gegeben hat, und setze
so die schlechten Energien schachmatt.

. . . .

. . . .

. . . .

. . . .

. . . .

. . . .

. . . .

. . . .

. . . .

. . . .

. . . .

. . . .

. . . .

. . . .

. . . .

. . . .

. . . .

. . . .

DRITTER STREICH ...

Wenn man es schafft, dem Ärger zu entfliehen, kann man in der Stille eine neue Quelle der Kraft finden, die einem Flügel verleiht, um zu immer neuen Orten der Freude zu fliegen.

SO SEI BEREIT, MEINE GEDICHTE GEBEN DIR GELEIT, JETZT IST DEINE ZEIT.

Von nun an geht´s **Bergauf** in den **Seelengassen**. Ich blicke
Mit Stolz nach vorn und fahre eine Runde **Karussell des Gewissens**,
bevor mein **Interessenstaxi** mich an den **Ort ohne Wort** bringt.
Ich mache, **Was ich mag**, meine **Stärkste Waffe** ist die **Glaubensstille**,
in der alle **Energiefresser** leise werden. So entsteht **Der eigene Vorteil**,
mein Lebenshauptgewinn.

BERGAUF

Es ist leise geworden,
nahezu fast still,
ich kann dich nicht mehr hören.
Hätte gedacht,
ich könnte schwören,
dass wir als Freunde einander gehören.
Doch das war nur eine Illusion
und das Ende kennt meine Seele schon,
es schmeckt verdammt nach Argwohn,
doch ich mach das schon.
Wenn eine Tür zugeht,
geht eine andere auf,
mein Leben nimmt seinen Lauf,
ab jetzt geht es einfach nur bergauf!

SEELENGASSEN

Was ist schlimmer als Dominanz?
Da wäre nur noch die Ignoranz,
dem andern zu zeigen,
er bekommt nichts außer Schweigen.
Jemanden im Regen stehen lassen,
so ganz allein gelassen
in den Seelengassen,
irgendwie kann ich´s noch immer nicht fassen
und fühl mich so verlassen!

MIT STOLZ NACH VORN

Langsam lässt die Wut nach,
auch wenn die Worte ausbleiben,
kann ich wieder besser in mir verweilen.
Kann euch immer noch nicht verstehen,
aber meine neue Richtung sehen
und voller Stolz nach vorne gehen!

KARUSSELL DES GEWISSENS

Ohne jede Vorwarnung,
ohne jedes Warum
bist du einfach stumm.
Würde so gerne die Wahrheit wissen
und die Vergangenheit nicht vermissen.
So dreht sich mein Gewissen,
ohne irgendwas zu wissen.

INTERESSENSTAXI

Du hast mir gar nicht zugehört,
hast keine Ahnung, was ich denk.
Hast nur das Taxi deiner Interessen gelenkt.
Hast meine Seele so tief gekränkt
und mein Leben in eine fremde Richtung gelenkt …
Doch jetzt mach ich, was ich denk!

63

ORT OHNE WORT

Ihr seid so viele und doch so still.
Wisst alle nicht, was ich sagen will ...
Keinen interessiert des anderen Wort,
jeder ist mit seinen Gedanken an einem anderen Ort,
doch ich will fort von diesem Ort,
denn er ist für mich ohne ein Wort!

WAS ICH MAG

Ich wollte den bequemen Weg,
doch das Schicksal hatte keine Lust.
So klopf ich mir selbst auf meine Brust,
lass sie wachsen, meine Energien,
damit die Dämonen von dannen ziehen,
so dass alle Geister mit ihnen fliehen.
Denn ich werd schaffen,
was ich wag,
und kann so machen, was ich mag.

STÄRKSTE WAFFE

Dominanz ist meine Ignoranz,
sie ist die stärkste Waffe im Gefühl
und bringt mich immer an mein Ziel.
Etwas zu ignorieren, ist ganz leicht,
wenn man es aus seiner Seele streicht
und so der Traurigkeit ausweicht.

GLAUBENSSTILLE

Dies hätte ich nie gedacht,
dass mal jemand so was mit mir macht.
Mich einfach mit so viel Stille straft
und mich nicht nach meiner Meinung fragt.
Hättest du das jemals zu mir gesagt,
ich hätte es nicht zu glauben gewagt.

ENERGIEFRESSER

Dominanz macht Ignoranz
und Ignoranz macht Dominanz.
Keine von beiden kann es besser,
beide sind Energiefresser.

DER EIGENE VORTEIL

Warum sind Menschen so?
Jeder denkt nur an den eigenen Vorteil,
keiner an des anderen Wunsch.
So können wir nicht alle zusammen lachen,
sondern werden Tränen in uns entfachen
und noch schrecklichere Sachen,
wenn wir nicht endlich aufwachen.

ERKENNTNISSE DES DRITTEN STREICHS ...

ERKENNST Du, dass auch die Stille zu Deiner stärksten Waffe werden kann, wenn Du Dich von allen Energiefressern befreist?
Schreibe die Namen der Energiefresser nieder, dann kommen sie nicht wieder.

. . . .

. . . .

. . . .

. . . .

. . . .

. . . .

. . . .

. . . .

. . . .

. . . .

. . . .

. . . .

. . . .

. . . .

. . . .

. . . .

. . . .

. . . .

. . . .

. . . .

. . . .

. . . .

. . . .

. . . .

. . . .

. . . .

. . . .

. . . .

. . . .

. . . .

. . . .

. . . .

. . . .

. . . .

. . . .

. . . .

. . . .

. . . .

. . . .

. . . .

. . . .

VIERTER STREICH ...

Wenn man einmal erkannt hat, dass man der Ignoranz mit ganz viel Humor statt Dominanz begegnen kann, findet man den Ort in der eigenen Seele, den man Zuhause nennt.

KOMM UND ERKENN IN MEINEN GEDICHTEN DIE SCHÖNSTEN GESCHICHTEN ...

Glaub daran, dass **Wunder geschehen**, wenn **Kreative Funken** Dir die **Tür** öffnen zu einem Ort ohne **Tabu**. **Mein neues Wir** ist **Keine Kunst**, es ist das **Freudenfest meiner Geister**, die sich **Einfach nur besinnen**, um **Füreinander** da zu sein.
Ich entdecke **Meine Möglichkeiten**, **Das Ziel** zu erreichen, indem ich in Zukunft alle **Ideen benennen** werde.

WUNDER GESCHEHEN

Wunder geschehen,
Tage vergehen,
Sonne wird scheinen,
der Frohsinn wird bleiben.
So wird all die Traurigkeit vergehen,
mitten in unserem Leben.
Lasst uns diese Zeit genießen
und nicht gegenseitig vermiesen.

KREATIVE FUNKEN

Ich hatte andere Ideen im Sinn,
mehr so Richtung Hauptgewinn,
doch du willst deine Wunder nicht mit mir teilen.
So muss ich in meinen Hoffnungen verweilen,
bis aus ihnen neue kreative Funken schreiten,
so werde ich ihnen einen Weg bereiten.

TÜR

Die Tür ging zu
und jetzt ist Ruh,
doch ich mach eine andere auf
und gönn mir meinen eigenen Lauf,
denn dann komm ich wieder gut drauf.
Doch das Spiel ist für dich nun aus,
denn du bist RAUS!

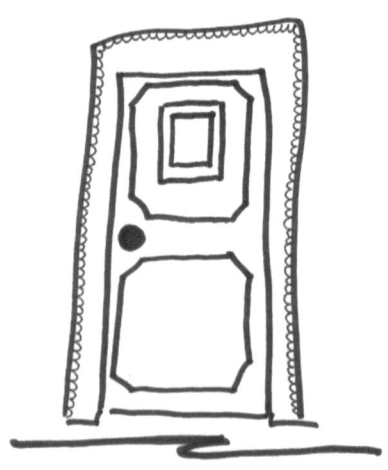

TABU

Ich werd nicht tun,
was du willst,
denn ich hab meinen eigenen Plan.
Ich will ihn nicht,
deinen Wahn,
gönn mir meine Ruh,
denn meine Wünsche sind jetzt für dich tabu.

MEIN NEUES WIR

Ich ignorier es einfach weg,
dann komm ich am besten vom Fleck,
mich interessiert es nicht mehr,
es ist wie Dreck
und die Ignoranz in mir
ist mein neues WIR!

KEINE KUNST

Die Ruhe zwischen uns
ist keine Kunst,
sie ist der Anfang vor dem Ende,
eine riesengroße Wende
und spricht tausend Bände –
doch alles nur gegen Wände.

FREUDENFEST
MEINER GEISTER

Mein Gefühl ist leer
und ich fühl mich schwer.
Weiß nicht mehr,
wer ich bin
auf der Suche nach dem Sinn,
werd ihn wiederfinden,
es wird mir schon gelingen.
So wird es sein,
dass die Geister in mir
sich wieder vereinen,
auf meinem Freudenfest erscheinen
und keiner wird mehr weinen.

EINFACH NUR BESINNEN

Wenn du jemanden beherrschen willst,
entzieh ihm deine Energie,
dann wird er so klein wie nie.
Du kannst das Spiel bestimmen
und wirst letztendlich auch gewinnen,
dafür musst du nicht mal spinnen,
sondern dich nur auf dich selbst besinnen!

FÜREINANDER

Warum sind Menschen so, wie sie sind,
und für die Gefühle der andern blind?
Warum ist Menschen so viel egal
und ihre Art nur eine Qual?
Lasst uns wieder Freundschaft erleben
und füreinander alles geben!
So entwickelt sich das Leben
und lässt das Glück über uns schweben!

MEINE MÖGLICHKEITEN

Erst war da ganz viel Traurigkeit,
doch dann sah ich sie, meine Möglichkeit,
meinen eigenen Weg zu gehen,
mein Leben ganz neu zu verstehen,
in meinen Träumen aufzugehen
und endlich wieder aufzustehen.

DAS ZIEL

Wenn ich jemanden ignorier,
dann bin ich ganz bei mir,
meine gesamte Energie ist weg,
dass macht der anderen Seele einen Schreck.
So ist es manchmal das Ziel, ignorant zu sein,
damit die Dominanz zieht ein!

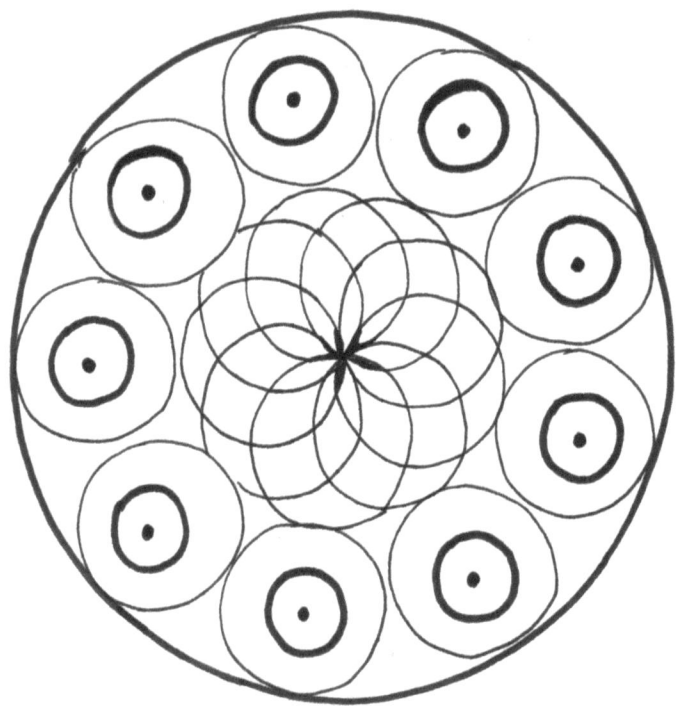

IDEEN BENENNEN

Und plötzlich war da ein Ende,
wo ich nur einen Anfang sah,
und meine Hoffnung dem Abgrund nah.
Ich hoffte, alles wär nicht wahr.
Doch ich muss lernen,
den Tatsachen ins Auge zu blicken,
dann werde ich auch meine Möglichkeiten sehen,
meine Chancen erkennen
und neue Ideen benennen!

ERKENNTNISSE DES VIERTEN STREICHS ...

JETZT hast Du in der Stille alle Deine kreativen Funken gesammelt und wirst nicht mehr von der Dominanz der Ignoranz verwackelt.
Schreib Deine neuen Stärken auf, damit sie auch in Zukunft in Dir wohnen können.

. . . .
. . . .
. . . .
. . . .
. . . .
. . . .
. . . .
. . . .
. . . .
. . . .
. . . .
. . . .
. . . .
. . . .
. . . .
. . . .
. . . .
. . . .
. . . .

. . . .
. . . .
. . . .
. . . .
. . . .
. . . .
. . . .
. . . .
. . . .
. . . .
. . . .
. . . .
. . . .
. . . .
. . . .
. . . .
. . . .
. . . .
. . . .
. . . .
. . . .
. . . .
. . . .
. . . .
. . . .

SCHLUSSHOFFNUNG

Ich hoffe,
dass die Dominanz der Ignoranz
Dich nie in Besitz nehmen wird
und Du tief im Süden Deines Herzens genau weißt,
dass Du allein der Designer Deines Seins bist,
der sein „Wunderkind" zum Leben erwecken kann.
Hab immer ein Lachen in der Seele
und nimm nichts zu ernst,
denn das Geheimnis des Lebens ist es,
nie den Humor zu verlieren.
Bis bald,
irgendwo mitten in meiner Lebensfreude …

Wundertütenpoet

Besuche mich auf

www.wundertuetenpoet.de